Impressum

Verlag: BABADADA GmbH, Nedderfeld 112 , 22529 Hamburg

Geschäftsführer / Verlagsleitung: Harald Hof

Druck: Books on Demand GmbH, In de Tarpen 42, 22848 Norderstedt

Imprint

Publisher: BABADADA GmbH, Nedderfeld 112 , 22529 Hamburg, Germany

Managing Director / Publishing direction: Harald Hof

Print: Books on Demand GmbH, In de Tarpen 42, 22848 Norderstedt, Germany

sekolah

اسکول

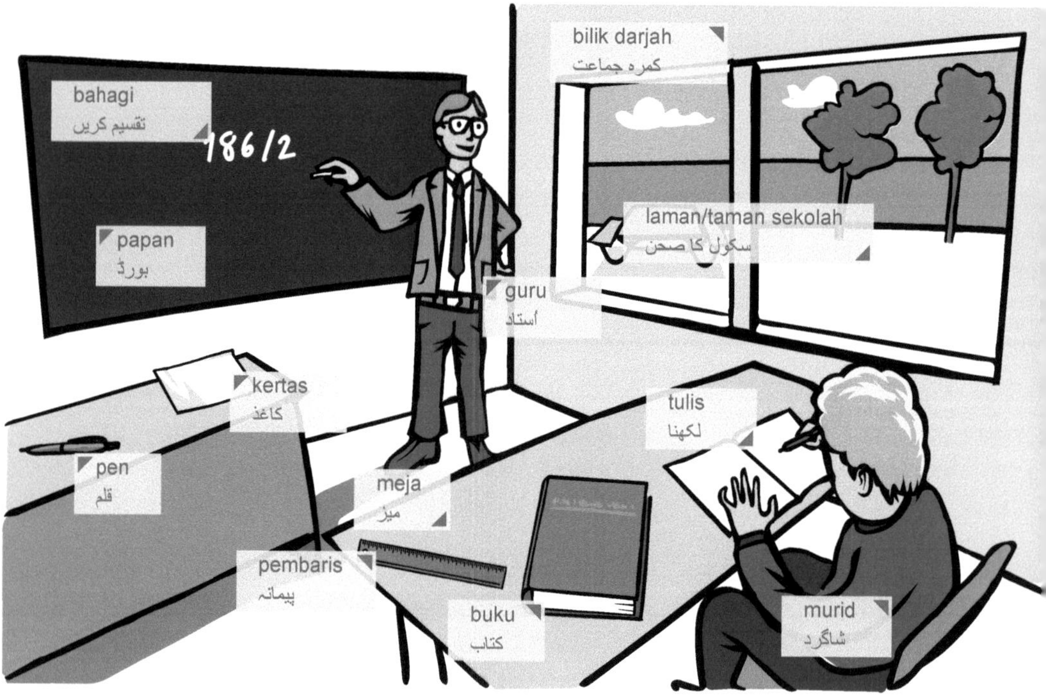
bahagi
تقسیم کریں
186/2
papan
بورڈ
bilik darjah
کمرہ جماعت
laman/taman sekolah
سکول کا صحن
guru
استاد
kertas
کاغذ
tulis
لکھنا
pen
قلم
meja
میز
pembaris
پیمانہ
buku
کتاب
murid
شاگرد

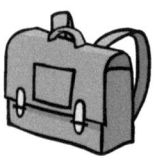

beg galas

بستہ

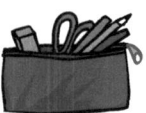

kotak pensel

پینسل کیس

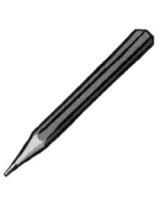

pensel

پینسل

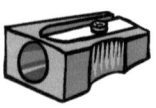

pengasah pensel

پینسل شارپنر

pemadam

ربڑ

kertas lukisan

ڈرائنگ پیڈ

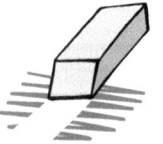

melukis

ڈراؤنگ

berus lukis

پینٹ برش

kotak warna

پینٹ باکس

gunting

قینچی

gam

گوند

buku latihan

مشق کی کاپی

kerja rumah

ہوم ورک

nombor

ہندسہ

tambah

جمع کریں

tolak

منفی کریں

darab

ضرب دیں

kira

شمار کریں

huruf

خط

abjad

حروف تہجی

kata

لفظ

teks

متن

baca

پڑھنا

kapur

چاک

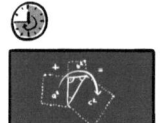

pelajaran

سبق

daftar

اندراج

peperiksaan

امتحان

sijil

سند

uniform sekolah

سکول یونیفارم

pendidikan

تعلیم

ensiklopedia

انسائیکلوپیڈیا

universiti

یونیورسٹی

mikroskop

خورد بین

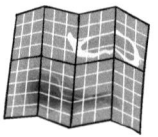

peta

نقشہ

bakul sampah

ویسٹ پیپر باسکٹ

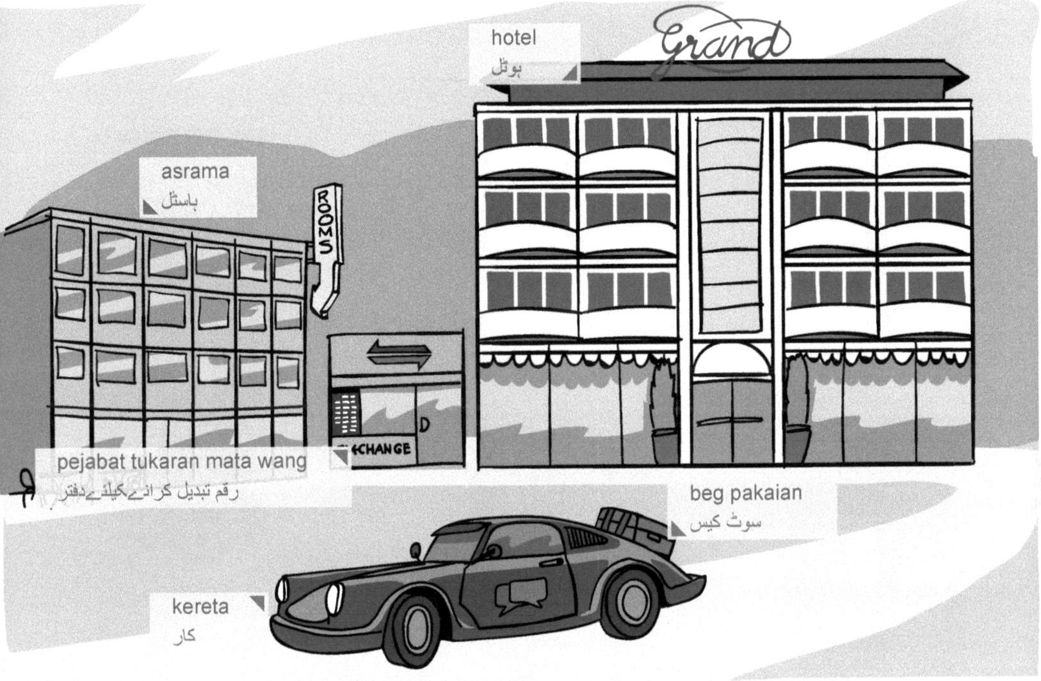

hotel
ہوٹل
Grand
asrama
ہاسٹل
ROOMS
pejabat tukaran mata wang
رقم تبدیل کرانے کیلئے دفتر
beg pakaian
سوٹ کیس
kereta
کار

bahasa
....
زبان

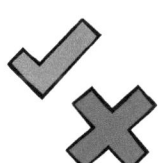

ya / tidak
....
ہاں / نہیں

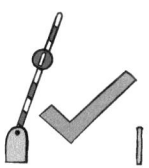

okey
....
ٹھیک ہے

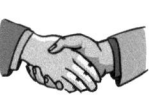

helo
....
ہیلو

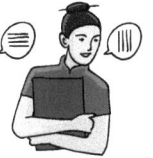

penterjemah
....
مُترجم

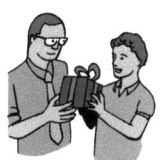

Terima kasih
....
شُکریہ

berapa banyak...?

‏...کی کیا قیمت ہے؟

saya tidak faham

‏میں نہیں سمجھتا

masalah

‏مشکل

Selamat petang!

‏شام بخیر!

Selamat Pagi!

‏صبح بخیر!

Selamat Malam!

‏شب بخیر!

selamat tinggal

‏الوداع

arah

‏سمت

bagasi

‏سفری سامان

beg

‏بیگ

beg galas

‏بیگ پیک

tetamu

‏مہمان

bilik tidur

‏کمرہ

beg tidur

‏سلیپنگ بیگ

khemah

‏ٹینٹ

maklumat pelancong

سیاحوں کےلئے معلومات

pantai

ساحل

kad kredit

کریڈٹ کارڈ

sarapan

ناشتہ

makan tengah hari

لنچ

makan malam

ڈنر

tiket

ٹکٹ

lif

لفٹ

setem

مُہر

sempadan

سرحد

kastam

کسٹمز

kedutaan

سفارت خانہ

visa

ویزا

pasport

پاسپورٹ

pengangkutan
نقل وحمل

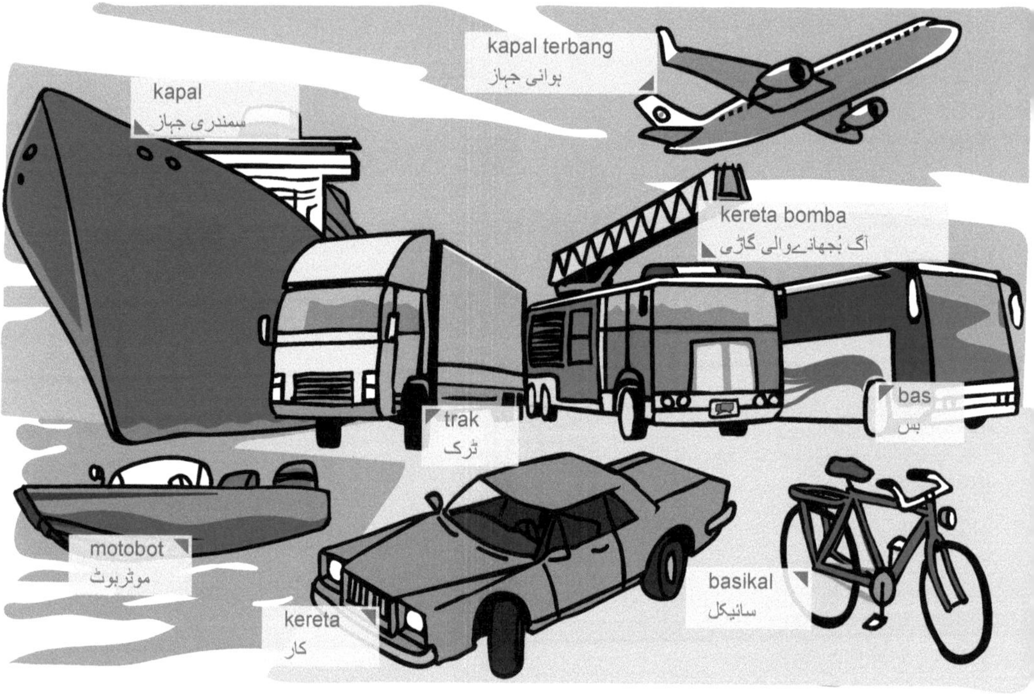
kapal terbang
ہوائی جہاز
kapal
سمندری جہاز
kereta bomba
آگ بُجھانےوالی گاڑی
trak
ٹرک
bas
بس
motobot
موٹربوٹ
basikal
سائیکل
kereta
کار

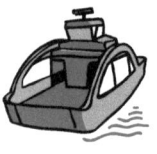

feri
فیری

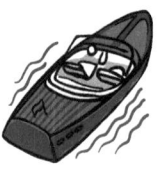

bot
کشتی

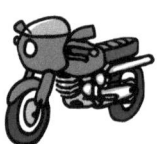

motosikal
موٹرسائیکل

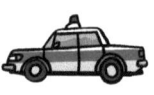

kereta polis
پولیس کار

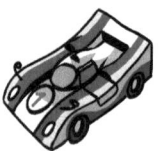

kereta lumba
ریسنگ کار

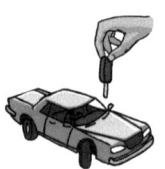

kereta sewa
کرایہ پرکار

berkongsi kereta

کار کا اشتراک کرنا

trak tunda

کھینچنے والا ٹرک

trak menolak

کوڑے والا ٹرک

motor

کار

bahan api

ایندھن

stesen minyak

پٹرول اسٹیشن

tanda trafik

ٹریفک کے نشانات

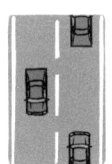

trafik

ٹریفک

kesesakan lalu lintas

ٹریفک جام

tempat parkir

کار پارک

stesen kereta api

ٹرین اسٹیشن

trek

پٹڑیاں

kereta api

ٹرین

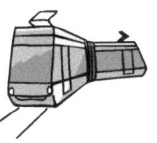

trem

ٹرام

gerabak

ویگن

helikopter

ہیلی کاپٹر

lapangan terbang

ائرپورٹ

Menara

ٹاور

penumpang

مسافر

bekas

کنٹینر

kadbod

ڈبہ

kart

ریڑھا

bakul

ٹوکری

berlepas / mendarat

اڑان بھرنا / زمین پراترنا

bandar

شہر

kampung

گاؤں

pusat bandar

سٹی سنٹر

rumah

مکان

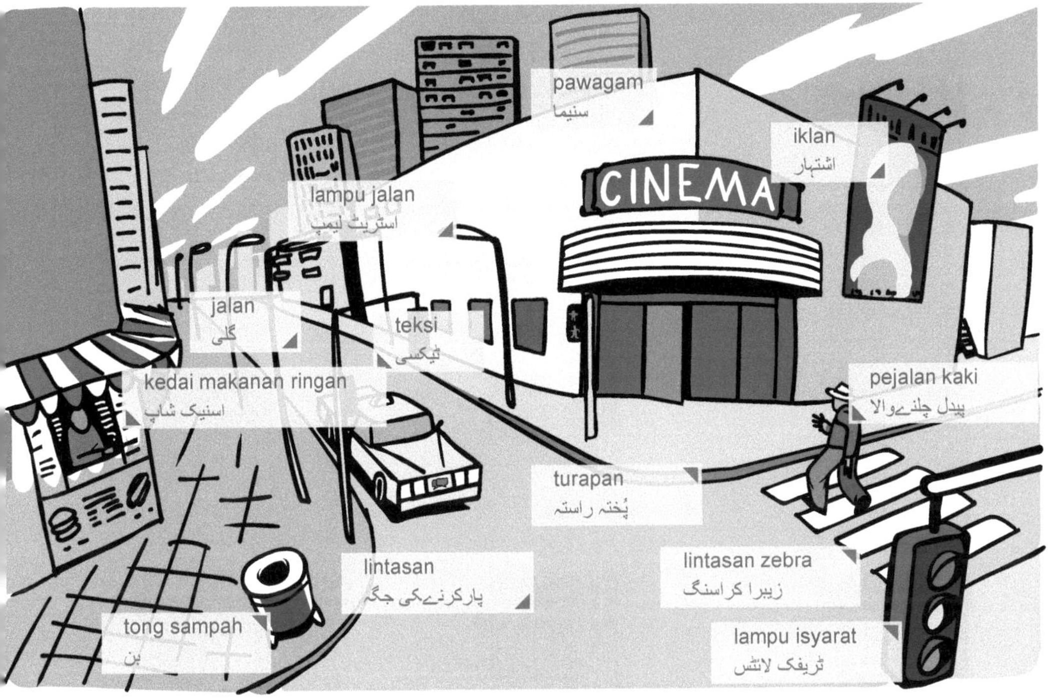

pawagam
سنیما

iklan
اشتہار

lampu jalan
اسٹریٹ لیمپ

jalan
گلی

teksi
ٹیکسی

CINEMA

pejalan kaki
پیدل چلنے والا

kedai makanan ringan
اسنیک شاپ

turapan
پُختہ راستہ

lintasan
پارک کرنے کی جگہ

lintasan zebra
زیبرا کراسنگ

tong sampah
بن

lampu isyarat
ٹریفک لائٹس

pondok
....
ہٹ

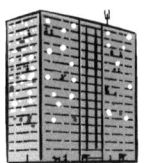

flat
....
فلیٹ

stesen kereta api
....
ٹرین اسٹیشن

dewan bandar
....
ٹاؤن ہال

muzium
....
عجائب گھر

sekolah
....
اسکول

universiti

یونیورسٹی

bank

بینک

hospital

ہسپتال

hotel

ہوٹل

farmasi

فارمیسی

pejabat

دفتر

kedai buku

کتابوں کی دُکان

kedai

دکان

kedai bunga

پھولوں کی دُکان

pasar raya

سُپرمارکیٹ

pasaran

مارکیٹ

gedung

ڈیپارٹمنٹ سٹور

penjual ikan

مچھلی کی دُکان

pusat membeli-belah

شاپنگ سنٹر

pelabuhan

بندرگاہ

taman

پارک

bangku

بینچ

jambatan

پُل

tangga

سیڑھیاں

bawah tanah

انڈرگراؤنڈ

terowong

سُرنگ

hentian bas

بس اسٹاپ

bar

شراب خانہ

restoran

ریسٹورنٹ

peti surat

پوسٹ باکس

papan tanda jalan

اسٹریٹ سائن

meter parkir

پارکنگ میٹر

zoo

چڑیا گھر

kolam renang

سونمنگ پول

masjid

مسجد

ladang

کھیت

pencemaran

آلودگی

tanah perkuburan

قبرستان

gereja

چرچ

taman permainan

کھیل کا میدان

kuil

مندر

landskap

منظر

daun

پتہ

tiang tanda

رہنمائی کے لئے لگا ہوا بورڈ

jalan

راستہ

padang rumput

سبزہ زار

batu

پتھر

pokok

درخت

pejalan kaki

پیدل چلنے والا، ہائیکر

sungai

دریا

rumput

گھاس

bunga

پھول

lembah

وادی

bukit

پہاڑی

tasik

جھیل

hutan

جنگل

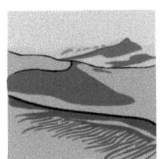

padang pasir

صحرا

gunung berapi

آتش فشاں

istana

قلعہ

pelangi

قوس قزح

cendawan

کھمبی

pokok kelapa sawit

کجھور کا درخت

nyamuk

مچھر

terbang

مکھی

semut

چیونٹی

lebah

مکھی

labah-labah

مکڑا

kumbang

بھونرا

katak

مینڈک

tupai

گلہری

landak

خارپُشت

arnab

خرگوش

burung hantu

الو

burung

پرندہ

angsa

راج ہنس

babi jantan

سؤر

rusa

برن

moose

امریکی بارہ سنگھا

empangan

ڈیم

turbin angin

ہوا سےچلنےوالی ٹربائنیں

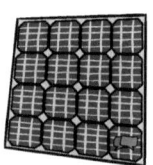

panel solar

سولرپینل

iklim

آب وہوا

restoran
ریسٹورنٹ

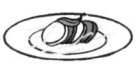

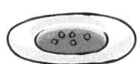

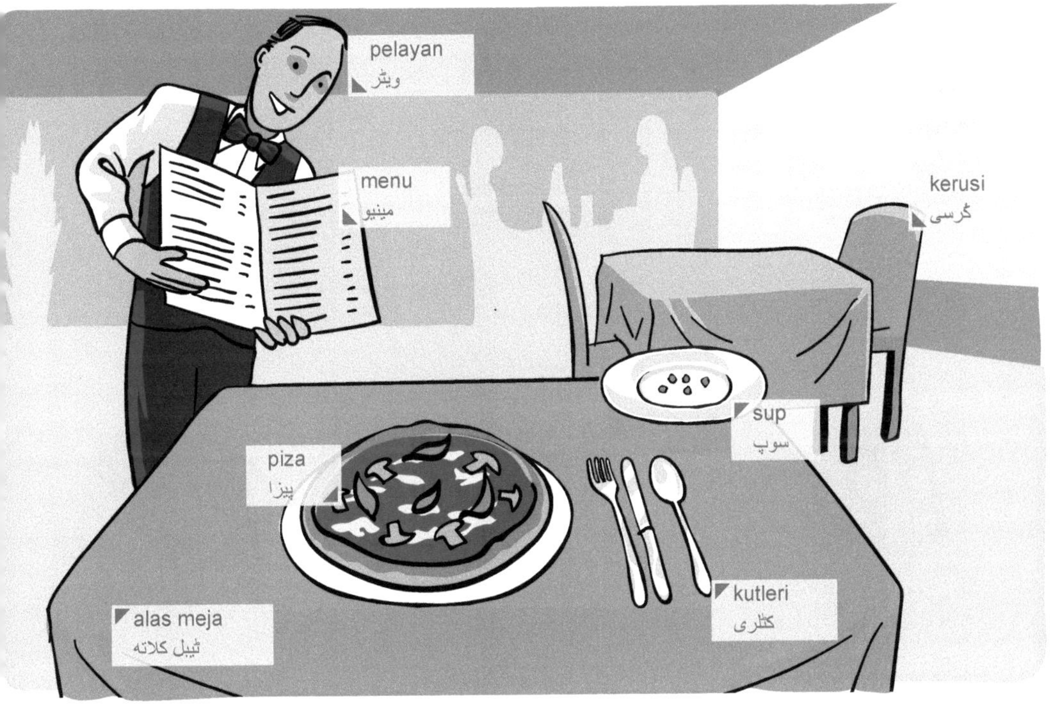

pelayan
ویٹر
menu
مینیو
kerusi
کُرسی
sup
سوپ
piza
پیزا
kutleri
کٹلری
alas meja
ٹیبل کلاتھ

pemula

استارٹر

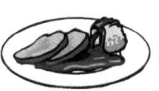

hidangan utama

مین کورس

pencuci mulut

ڈیزرٹ

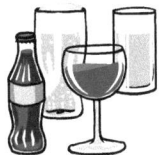

minuman

مشروبات

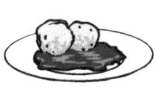

makanan

کھانے کی اشیاء

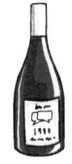

botol

بوتل

makanan segera

فاسٹ فوڈ

makanan jalanan

اسٹریٹ فوڈ

teko

چائےدانی

mangkuk gula

شوگرباکس

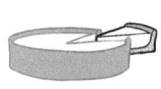

bahagian

حصہ

mesin espreso

ایسپریسو مشین

kerusi tinggi

اونچی کرسی

bil

بل

dulang

ٹرے

pisau

چھُری

garfu

کانٹا

sudu

چمچ

sudu teh

چائےکا چمچ

serviette

سرویئیٹی

gelas

شیشہ

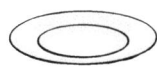

pinggan

پلیٹ

mangkuk sup

سوپ پلیٹ

piring

طشتری

sos

چٹنی

tempat garam

سالٹ شیکر

pengisar lada

پیپرمل

cuka

سرکہ

minyak

خوردنی تیل

rempah

مصالحے

sos

کیچپ

mustard

سرسوں

mayones

میئونیز

pasar raya

سُپرمارکیٹ

tawaran istimewa
خصوصی پیشکش
FOR
pelanggan
گاہک
tenusu
ڈیری
buah-buahan
پھل
troli
ٹرالی

BUTCHERS

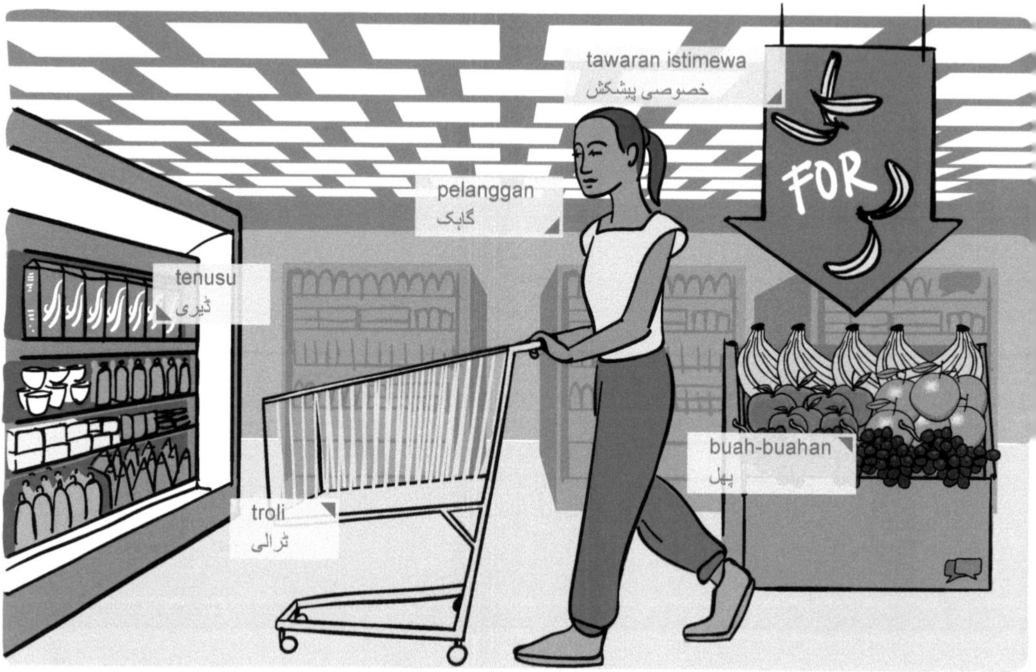

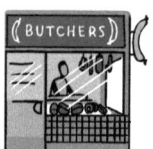

tukang daging

گوشت کی دُکان

BAKERY

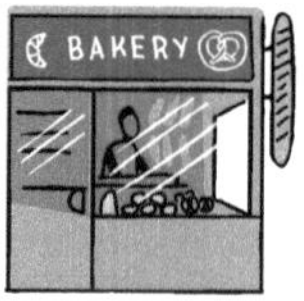

kedai roti

بیکری

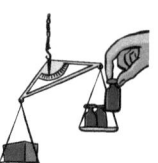

berat

وزن کرنا

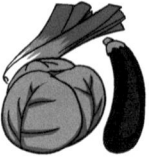

sayur-sayuran

سبزیاں

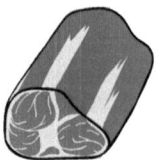

daging

گوشت

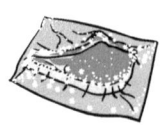

makanan sejuk beku

جما ہوا کھانا

daging sejuk

کولڈ کٹس

makanan dalam tin

ڈبے میں بند کھانا

serbuk pencuci

واشنگ پاؤڈر

gula-gula

مٹھائیاں

produk isi rumah

گھریلو مصنوعات

produk pembersihan

صاف کرنے کیلے مصنوعات

orang jualan

سیلز پرسن

daftar tunai

کیش رجسٹر

juruwang

کیشینیر

senarai membeli-belah

خریداری کی فہرست

waktu pembukaan

اوقات کار

beg duit

بٹوہ

kad kredit

کریڈٹ کارڈ

beg

تھیلا

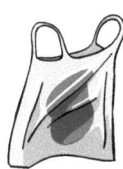

beg plastik

پلاسٹک کے تھیلے

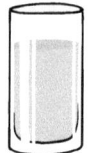

air

پانی

jus

جوس، رس

susu

دودھ

kola

کوک

wain

وائن

bir

بیئر

alkohol

الکوحل

koko

کوکوآ

the

چائے

kopi

کافی

espreso

ایسپریسو

kapucino

کیپاچینو

pisang

کیلا

epal

سیب

oren

مالٹا

tembikai

خربوزہ

lemon

لیموں

lobak merah

گاجر

bawang putih

لہسن

buluh

بانس

bawang

پیاز

cendawan

کھُمبی

kacang

اخروٹ، بادام وغیرہ

mi

نوڈلز

spageti

اسپیگیٹی

nasi

چاول

salad

سلاد

kerepek

چپس

kentang goreng

تلے گئے آلو

piza

پیزا

hamburger

بیم برگر

sandwic

سینڈوچ

kutlet

کٹلیٹ

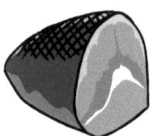

ham

سؤرکی ران کا گوشت

salami

گوشت کی اطالوی ساسیج

sosej

ساسیج

ayam

مُرغی

panggang

روسٹ

ikan

مچھلی

bubur oat

جئی کا دلیہ

muesli

میوزلی

emping jagung

کارن فلیکس

tepung

آٹا

kroisan

کرونیسنٹ

roti roll

بریڈ رول

roti

بریڈ

roti bakar

ٹوسٹ

biskut

بسکٹ

mentega

مکھن

dadih

دہی

kek

کیک

telur

انڈا

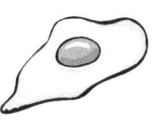

telur goreng

فرائی کیا گیا انڈہ

keju

پنیر

ais krim

أئس كريم

gula

چینی

madu

شہد

jem

جام

krim nougat

ناؤگٹ کریم

kari

سالن

ladang
کھیت

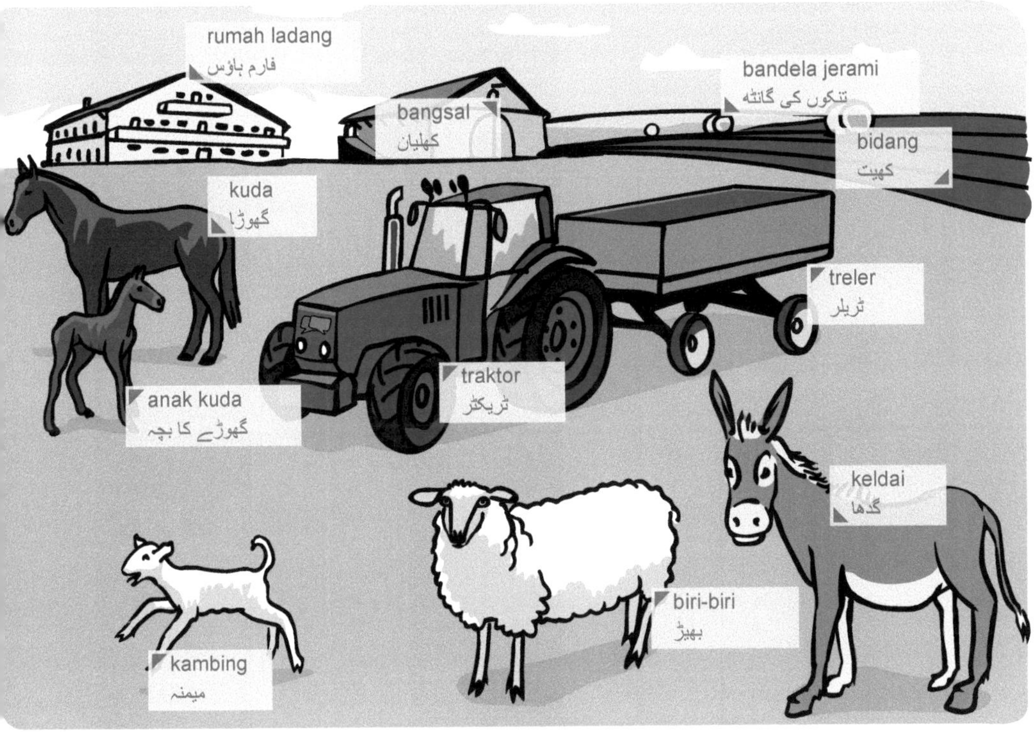
rumah ladang
فارم ہاؤس
bangsal
کھلیان
bandela jerami
تنکوں کی گانٹھ
bidang
کھیت
kuda
گھوڑا
treler
ٹریلر
traktor
ٹریکٹر
anak kuda
گھوڑے کا بچہ
keldai
گدھا
biri-biri
بھیڑ
kambing
میمنہ

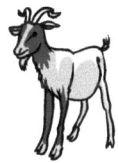

kambing
بکری

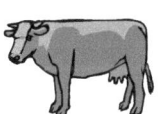

lembu
گائے

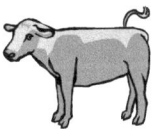

anak lembu
بچھڑا

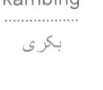

babi
سؤر

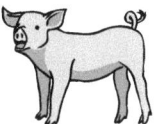

anak babi
سؤر کا بچہ

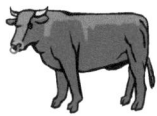

lembu
سانڈ

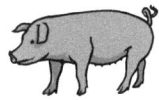

angsa

راج ہنس

itik

بطخ

anak ayam

چوزه

ayam betina

مُرغی

ayam jantan muda

مُرغا

tikus

چوہا

kucing

بلی

tikus

چوہا

lembu jantan

بیلچہ

anjing

کتا

rumah anjing

کتے کا گھر

hos taman

گارڈن ہاؤس

bekas siraman

پانی کا کین

sabit

درانتی

bajak

ہل

sabit

درانتی

cangkul

بیلچہ

serampang peladang

ترنگل

kapak

کلہاڑا

kereta sorong

ہتھ گاڑی

palung

حوض

tin susu

دودھ کا کین

karung

تھیلا

pagar

باڑ

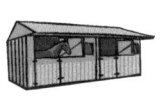

stabil

اصطبل

rumah hijau

گرین ہاؤس

tanah

مٹی

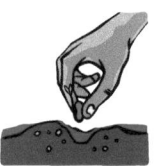

benih

بیج

baja

فرٹیلائیزر

jentuai

کمبائن ہاروسٹر

tuai

فصل کاٹنا

menuai

فصل کاٹنا

keladi

افریقی آلو

gandum

گندم

soya

سویا

kentang

آلو

jagung

مکئی

biji sawi

توریا کا تیل

pokok buah-buahan

پھلداردرخت

ubi kayu

کساوا

bijirin

دلیہ

rumah
مکان

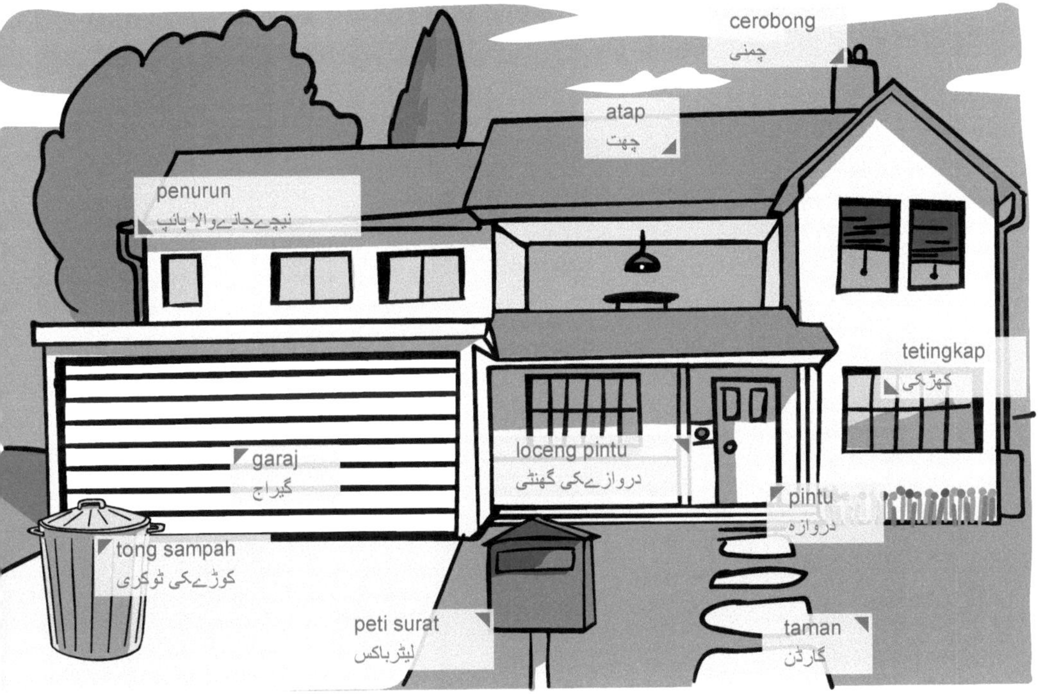
cerobong
چمنی
atap
چھت
penurun
نیچے جانے والا پائپ
tetingkap
کھڑکی
garaj
گیراج
loceng pintu
دروازے کی گھنٹی
pintu
دروازہ
tong sampah
کوڑے کی ٹوکری
peti surat
لیٹر باکس
taman
گارڈن

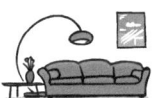

ruang tamu

لوونگ روم

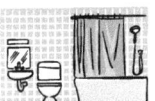

bilik air

غُسل خانہ

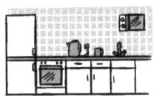

dapur

باورچی خانہ

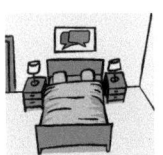

bilik tidur

بیڈروم

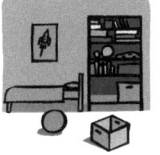

bilik kanak-kanak

بچوں کا کمرہ

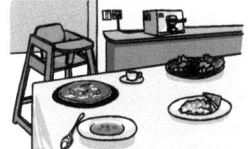

ruang makan

کھانے کا کمرہ

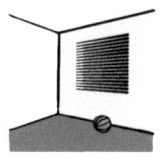

lantai

فرش

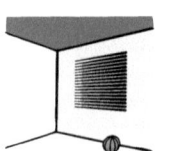

dinding

دیوار

siling

چھت

bilik bawah tanah

تہ خانہ

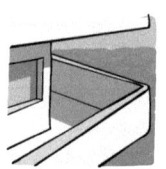

sauna

سوانا

balkoni

بالکونی

teres

ٹیریس

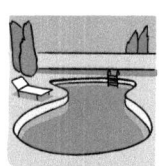

kolam renang

پول

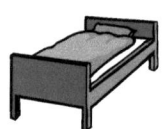

pemotong rumput

گھاس کاٹنے کی مشین

lembaran

چادر

penutup tilam

چادر

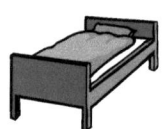

katil

بستر

penyapu

جھاڑو

timba

بالٹی

suis

سوئچ

ruang tamu

لوونگ روم

kertas dinding
وال پیپر
gambar
تصویر
lampu
لیمپ
rak
شیلف
kabinet
الماری
televisyen
ٹیلی ویژن
pendiangan
آتش دان
bunga
پھول
kusyen
کُشن
sofa
صوفہ
pasu
گلدان
alat kawalan jauh
ریموٹ کنٹرول

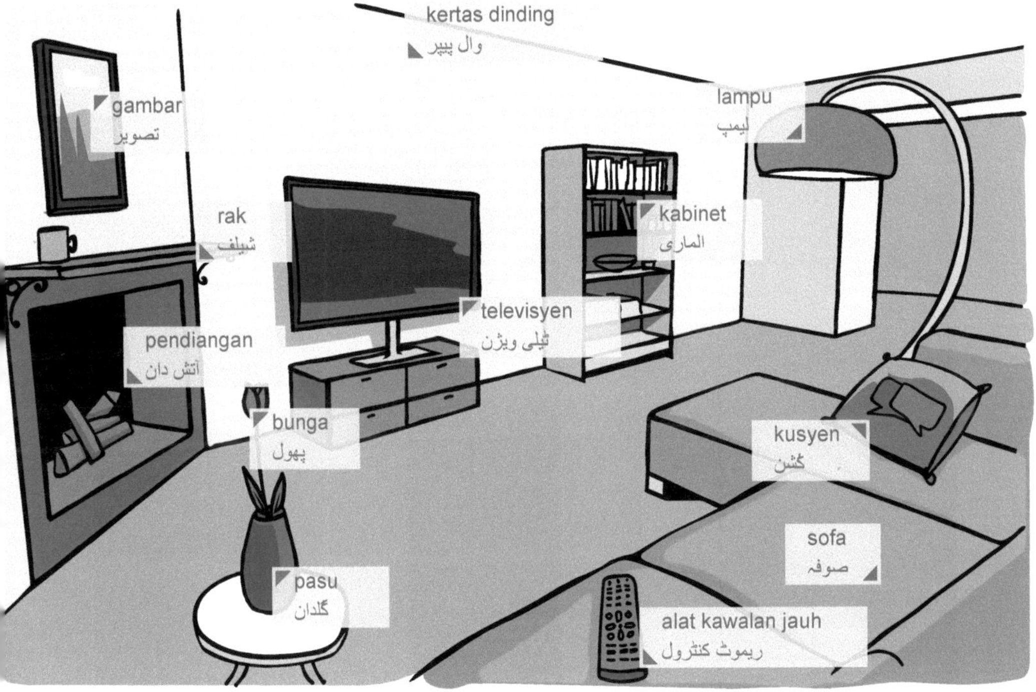

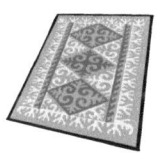

permaidani

قالین

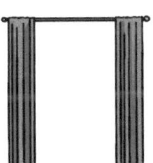

tirai

پردے

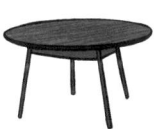

meja

میز

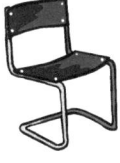

kerusi

کُرسی

kerusi malas

ہلنے والی کُرسی

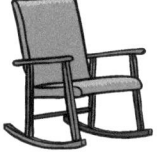

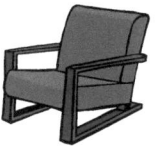

kerusi

آرام کُرسی

buku

كتاب

selimut

كمبل

hiasan

آرائش

kayu api

جلانے کی لکڑی

filem

فلم

hi-fi

ہائی فائی

kunci

چابی

akhbar

اخبار

lukisan

پینٹنگ

poster

پوسٹر

radio

ریڈیو

buku catatan

نوٹ بُک

penyedut habuk

ویکیوم کلینر

kaktus

کیکٹس

lilin

موم بتی

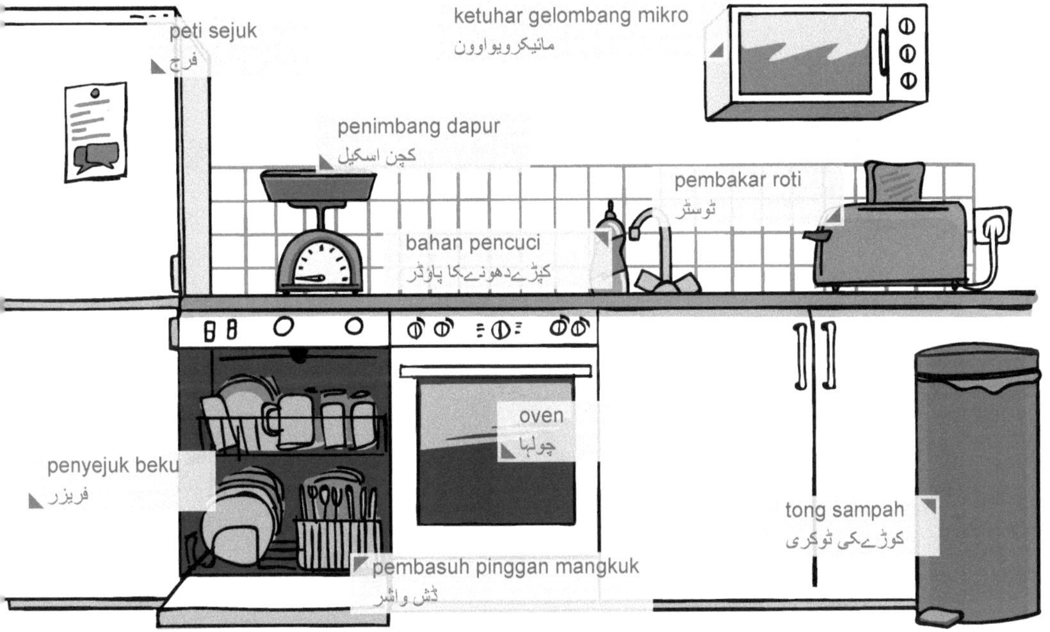

ketuhar gelombang mikro
مائیکرویواوون

peti sejuk
فرج

penimbang dapur
کچن اسکیل

pembakar roti
ٹوسٹر

bahan pencuci
کپڑے دھونے کا پاؤڈر

oven
چولہا

penyejuk beku
فریزر

tong sampah
کوڑے کی ٹوکری

pembasuh pinggan mangkuk
ڈش واشر

periuk dapur	periuk	periuk besi
ککر	برتن	لوہے کا برتن
kuali	pan	cerek
کڑابی	برتن	کیتلی

pengukus

استيمر

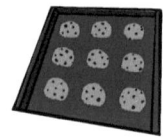

dulang pembakar

بيكنگ ٹرے

pinggan mangkuk

کراکری

koleh

مگ

mangkuk

پيالہ

penyepit

چاپ استکس

senduk

ڈونی

spatula

کفچہ

pengadun

جھاڑودينا

penapis

مقطر

ayak

چھلنی

pemarut

گريٹر

mortar

کوُنڈی

barbeku

باربی کيو

pembakaran terbuka

کھُلی آگ

papan pencincang

چاپنگ بورڈ

pin golekan

بیلن

skru gabus

کارک اسکریو

tin

کین

pembuka tin

کین اوپنر

pemegang periuk

برتن پکڑنے والا کپڑا

sinki

سنک

berus

برش

span

اسپونج

pengisar

بلینڈر

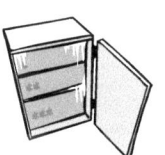

penyejuk beku

ڈیپ فریز

botol bayi

بچے کی بوتل

paip

ٹونٹی

bilik air

غُسل خانہ

pemanasan
ہیٹنگ
mandi
شاور
tuala
تولیہ
tirai mandi
شاورکرٹن
mandi buih
ببل باتھ
tab mandi
باتھ ٹب
gelas
شیشہ
mesin basuh
واشنگ مشین
paip
ٹونٹی
jubin
ٹائلیں
tandas
پاٹی
sinki
سنک

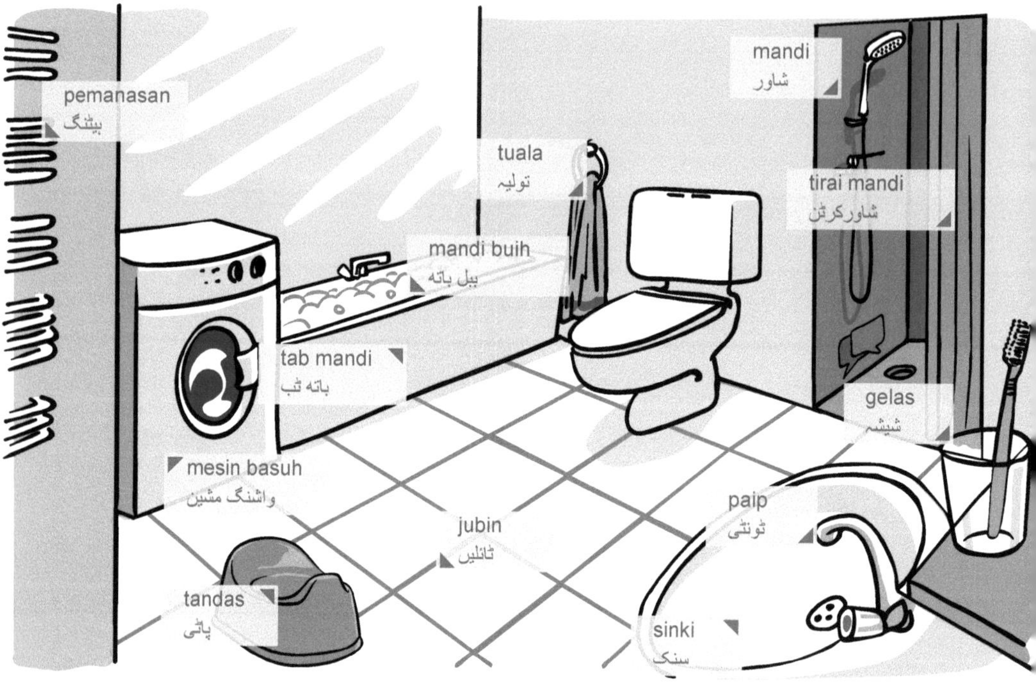

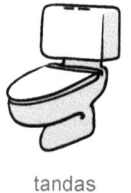

tandas

ٹائلٹ

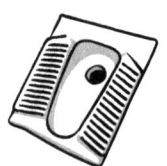

tandas mencangkung

دوزانوں بیٹھنےوالی ٹائلٹ

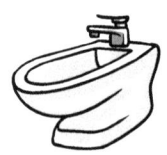

mangkuk tandas

نچلاحصہ دھونےکیلئےپاٹ

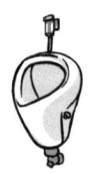

tandas awam

پیشاب گاہ

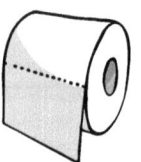

kertas tandas

ٹائلٹ پیپر

berus tandas

ٹائلٹ برش

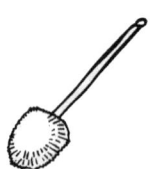

berus gigi

توتھ برش

ubat gigi

توتھ پيسٹ

flos gigi

ڈينٹل فلاس

cuci

دھونا

mandian tangan

ھينڈ شاور

pancuran

شاور

besen

بيسن

belakang berus

بيک برش

sabun

صابن

gel mandian

شاورجل

syampu

شيمپو

flanel

فلالين

longkang

ڈرين

krim

کريم

deodoran

ڈيوڈورنٹ

cermin

آئینہ

cermin tangan

ہاتھ میں پکڑا جانے والا آئینہ

pisau cukur

ریزر

busa cukur

شیونگ فوم

selepas cukur

آفٹرشیو

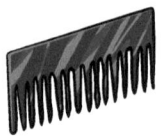

sikat

کنگھی

berus

برش

pengering rambut

ہیئرڈرائر

semburan rambut

ہیئراسپرے

mekap

میک اپ

gincu

لپ اسٹک

varnis kuku

نیل وارنش

bulu kapas

روئی

gunting kuku

ناخن کاٹنے کی قینچی

pewangi

پرفیوم

beg basuhan

واش بیگ

bangku

پاخانہ

skala berat

وزن کرنے کی مشین

jubah mandi

باتھ روب

sarung tangan getah

ربڑ کے دستانے

kapas

ٹیمپون

tuala wanita

سینیٹری ٹاول

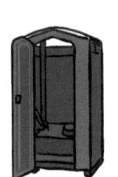

tandas kimia

کیمیکل ٹائلٹ

bilik kanak-kanak

بچوں کا کمرہ

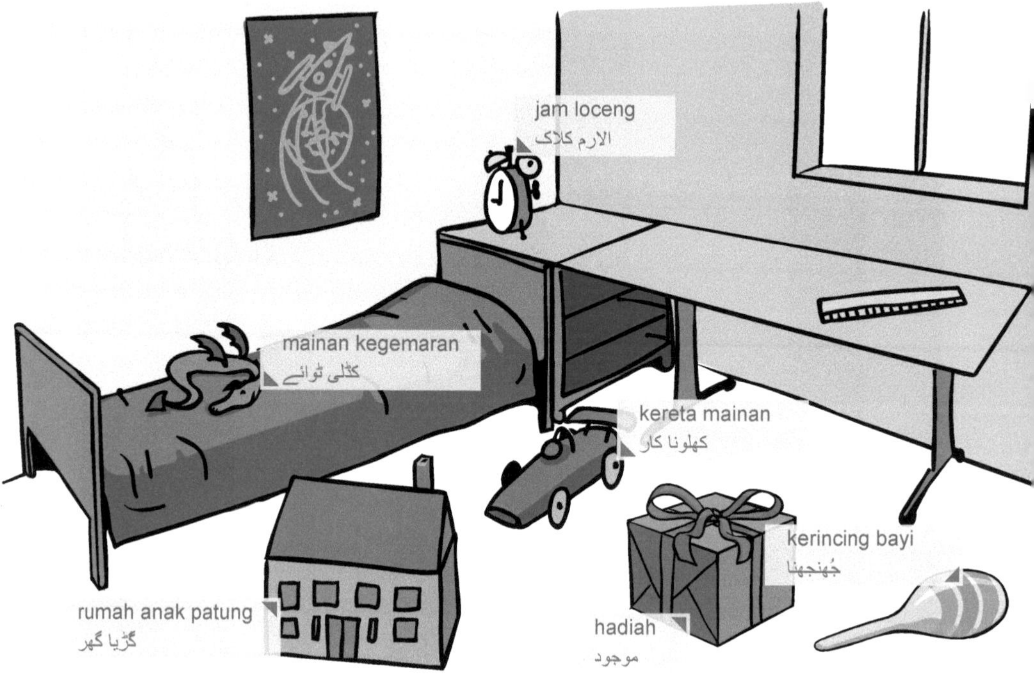

jam loceng
الارم کلاک
mainan kegemaran
کڈلی ٹوائے
kereta mainan
کھلونا کار
kerincing bayi
جُھنجھنا
rumah anak patung
گڑیا گھر
hadiah
موجود

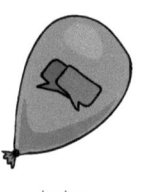

belon

غبارہ

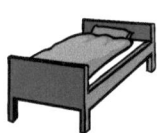

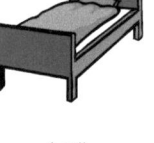

katil

بستر

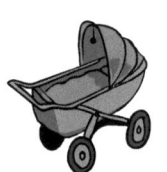

kereta sorong bayi

پرام

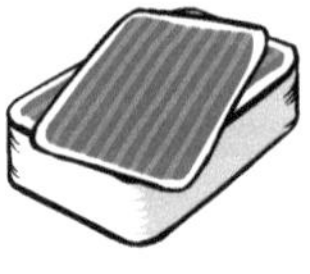

set kad

ڈیک آف کارڈز

susun suai gambar

جگسا

SUPER
MEGA

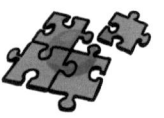

komik

کامک

batu bata lego

لیگو بریکس

blok mainan

کھلونا بلاکس

figura aksi

ایکشن فگر

baju bayi

بچے کا لباس

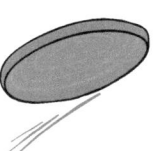

frisbee

فرسبی

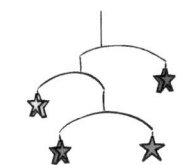

mainan bayi mudah alih

کھلونا موبائل

permainan papan

بورڈ گیم

dadu

ڈائس

set model kereta api

ماڈل ٹرین سیٹ

palsu

ڈمی

parti

پارٹی

buku bergambar

تصاویر والی کتاب

bola

گیند

anak patung

گڑیا

main

کھیلنا

lubang pasir

سینڈ پٹ

buai

جھولا جھولنا

mainan

کھلونے

konsol permainan video

وڈیوگیم کنسول

basikal roda tiga

تین پہیوں والی سائیکل

anak patung beruang

ٹیڈی بیئر

almari pakaian

کپڑوں کی الماری

pakaian

لباس

stoking

موزے

stoking

استاکنگز

ketat

ٹائٹس

skarf
اسکارف

payung
چھتری

kemeja-t
ٹی شرٹ

/keselamatan

but
بوٹ

selipar
سلیپر

kasut sukan
اسنیکرز

sandal
سینڈل

kasut
جوتے

but getah
ربڑکےبوٹس

seluar dalam
زیرجامہ

coli
بریزئیر

ves
واسکٹ

badan

جسم

Seluar panjang

پتلون

jean

جینز

skirt

اسکرٹ

blaus

بلاؤز

kemeja

قمیض

baju panas sarung

پُل اوور

sweater

سویٹر

blazer

بلیزر

jaket

جیکٹ

kot

کوٹ

baju hujan

رین کوٹ

kostum

کوئی خاص لباس

pakaian

لباس

baju pengantin

شادی کا لباس

sut

سوٹ

baju tidur

نائٹ گاؤن

baju tidur

پائجامہ

sari

ساڑھی

skarf kepala

سرپرلیا جانےوالا اسکارف

serban

پگڑی

burqa

بُرقع

kaftan

کفتان

abaya/jubah

عبایہ

baju renang

تیراکی کا سوٹ

seluar renang

ٹرنک

seluar pendek

نیکر

sut balapan

ٹریک سوٹ

apron

ایپرن

sarung tangan

دستانے

butang

بٹن

cermin mata

عینک

gelang tangan

کنگن

rantai leher

ہار

cincin

انگوٹھی

subang

کانوں کی بالیاں

topi

ٹوپی

penyangkut kot

کوٹ ہینگر

topi

ہیٹ

tali leher

ٹائی

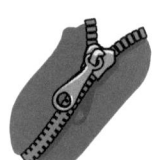

zip

زپ

topi keledar

ہیلمٹ

pendakap

بریسز

uniform sekolah

سکول یونیفارم

seragam

وردی

lapik dada
بب

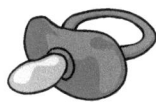

palsu
ڈمی

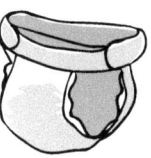

lampin
نیپی

pejabat

دفتر

pelayan
سرور

kabinet fail
فائلوں کی الماری

mesin pencetak
پرنٹر

monitor
مانیٹر

kertas
كاغذ

tetikus
ماؤس

meja
میز

folder
فولڈر

papan kekunci
کی بورڈ

kerusi
کرسی

bakul sampah
ویسٹ پیپر باسکٹ

komputer
کمپیوٹر

cawan kopi
كافی مگ

kalkulator
كیلکولیٹر

internet
انٹرنیٹ

komputer riba

لیپ ٹاپ

surat

خط

mesej

پیغام

mudah alih

موبائل

rangkaian

نیٹ ورک

mesin fotokopi

فوٹوکاپئیر

perisian

سافٹ وئیر

telefon

ٹیلی فون

soket plag

پلگ ساکٹ

mesin faks

فیکس مشین

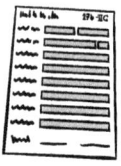

bentuk

فارم

dokumen

دستاویز

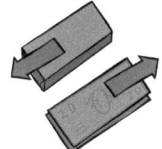

beli

خریدنا

bayar

ادائیگی کرنا

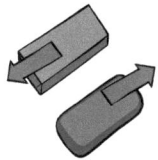

berdagang

تجارت کرنا

wang

رقم

dolar

ڈالر

euro

یورو

yen

ین

rubel

روبل

franc swiss

سوئس فرانک

renminbi yuan

رینمنبی یوآن

rupee

روپیہ

mata tunai

کیش پوائنٹ

pejabat tukaran mata wang

رقم تبدیل کرانے کیلئے دفتر

emas

سونا

perak

چاندی

minyak

خام تیل

tenaga

توانائی

harga

قیمت

kontrak

معاہدہ

cukai

ٹیکس

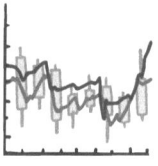

stok

اسٹاک

kerja

کام کرنا

pekerja

ملازم

majikan

آجر

kilang

فیکٹری

kedai

دکان

pekerjaan
پیشے

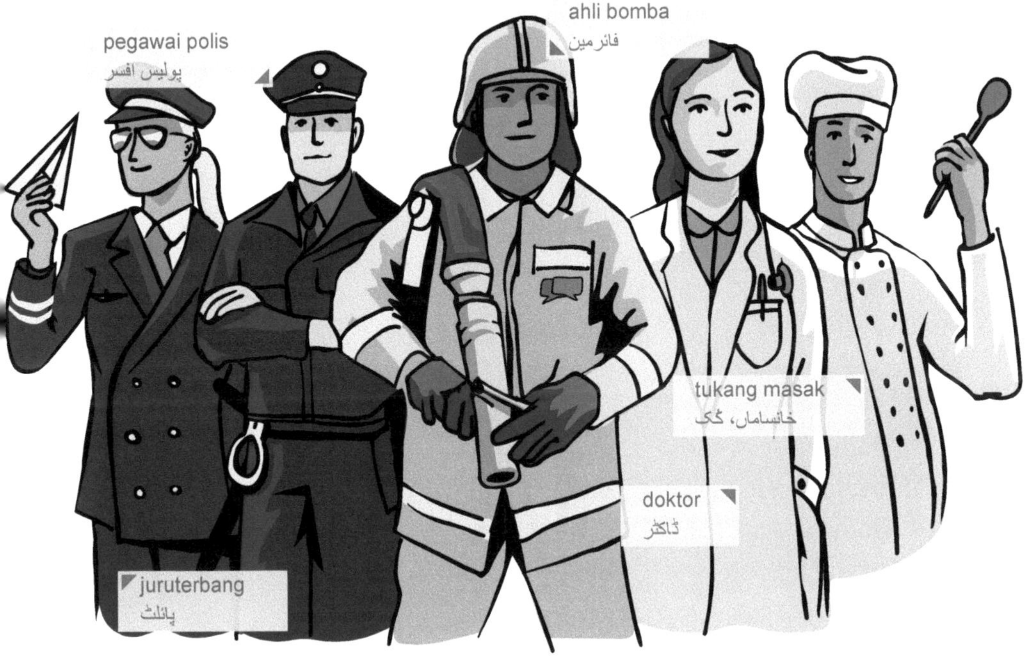
ahli bomba
فائر مین
pegawai polis
پولیس افسر
tukang masak
خانساماں، کُک
doktor
ڈاکٹر
juruterbang
پائلٹ

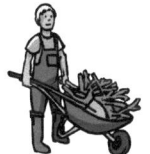

tukang kebun
مالی

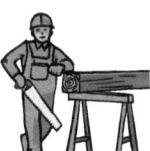

tukang kayu
ترکھان

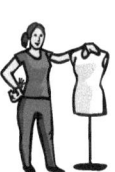

tukang jahit
درزن

hakim
جج

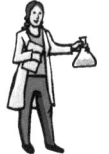

ahli kimia
کیمسٹ

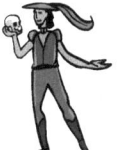

pelakon
اداکار

pemandu bas

بس ڈرائیور

pemandu teksi

ٹیکسی ڈرائیور

nelayan

مچھیرا

wanita pencuci

صفائی کرنےوالی عورت

kasau

چھت بنانےوالا

pelayan

ویٹر

pemburu

شکاری

pelukis

پینٹر

bakeri

بیکر

juruelektrik

الیکٹریشین

pembangun

بلڈر

jurutera

انجینئیر

penjual daging

قصائی

tukang paip

پلمبر

posmen

ڈاکیا

askar

سپاہی

arkitek

آرکیٹیکٹ

juruwang

کیشئیر

kedai bunga

پھول بیچنے والا

pendandan rambut

نائی

konduktor

کنڈکٹر

mekanik

مکینک

kapten

کپتان

doktor gigi

ڈینٹسٹ

ahli sains

سائنسدان

tuhanku

یہودی عالم

imam

امام

sami

راہب

paderi

پادری

alat

اوزار

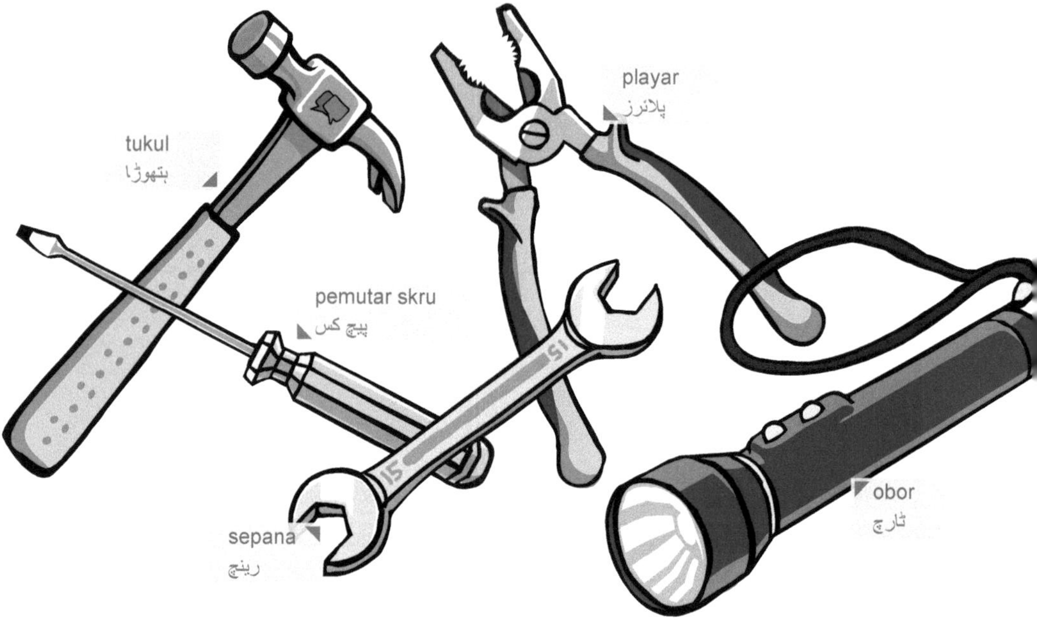
tukul
ہتھوڑا
playar
پلائرز
pemutar skru
پیچ کس
sepana
رینچ
obor
ٹارچ

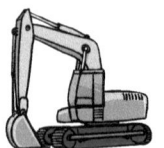

pengorek

ایکسکویٹر

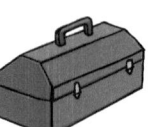

kotak peralatan

ٹول باکس

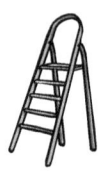

tangga

سیڑھی

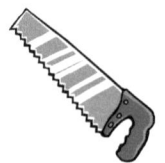

gergaji

آری

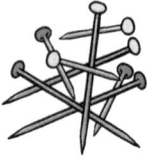

kuku

کیل

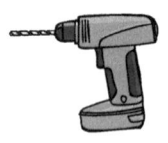

gerudi

ڈرل

baiki

مرمت کرنا

penyodok

بیلچہ

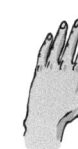

Celaka!

لعنت ہو!

penadah sampah

ڈسٹ پین

periuk cat

پینٹ پاٹ

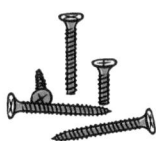

skru

پیچ

alat muzik

آلات موسیقی

perangkat dram

ڈرم سیٹ

pembesar suara

لاؤڈ اسپیکر

gitar

گٹار

bass berganda

ڈبل باس

trompet

بگل

piano

پیانو

biola

وائلن

bass

موسیقی کی آواز

timpani

ٹمپانی

dram

ڈھول، ڈرمز

papan kekunci

کی بورڈ

saksofon

سیکسوفون

seruling

بانسری

mikrofon

مائیکروفون

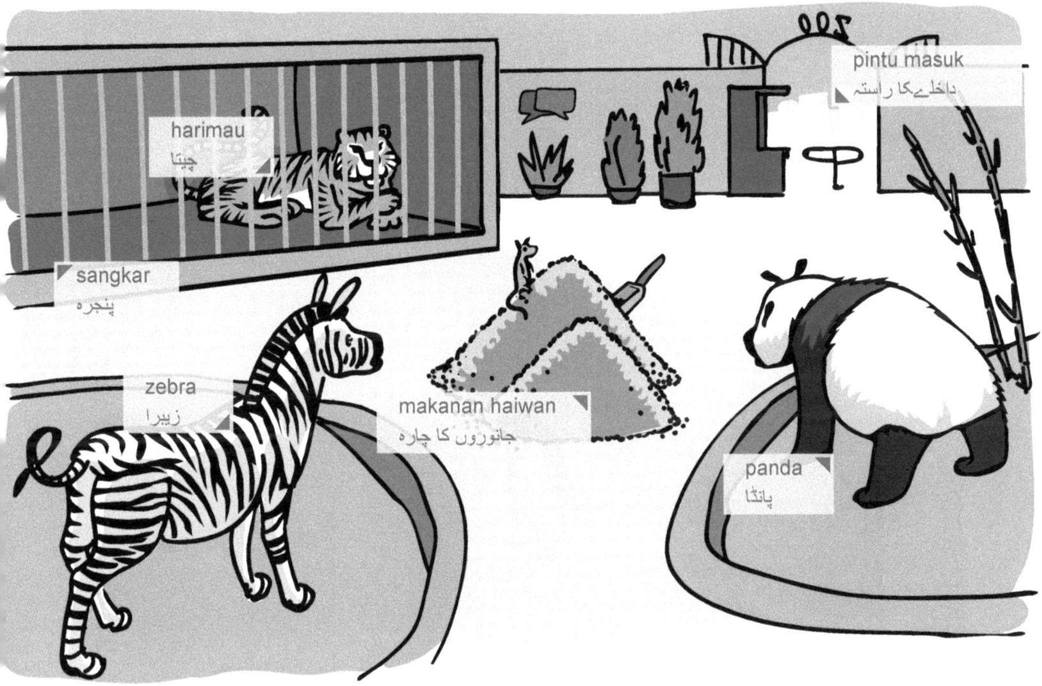

harimau
چیتا

sangkar
پنجرہ

pintu masuk
داخلے کا راستہ

zebra
زیبرا

makanan haiwan
جانوروں کا چارہ

panda
پانڈا

haiwan
....
جانور

gajah
....
ہاتھی

kanggaru
....
کینگرو

badak sumbu
....
گینڈا

gorila
....
گوریلا

beruang
....
ریچھ

unta

اونٹ

burung unta

شُتر مُرغ

singa

شیر

monyet

بندر

flamingo

فلیمنگو

nuri

طوطا

beruang kutub

قطبی ریچھ

penguin

کبوتر

yu

شارک

merak

مور

ular

سانپ

buaya

مگرمچھ

penjaga zoo

چڑیا گھر کا محافظ

anjing laut

سیل

jaguar

امریکی تیندوا

kuda

گھوڑا

harimau

چیتا

badak air

دریائی گھوڑا

zirafah

زرافہ

helang

عقاب

babi jantan

سؤر

ikan

مچھلی

penyu

کچھوا

anjing laut

سمندری گھوڑا

musang

لومڑی

rusa

غزال ہرن

bola sepak Amerika
امریکن فٹ بال

berbasikal
سائیکلنگ

tenis
ٹینس

bola keranjang
باسکٹ بال

renang
پیراکی

tinju
باکسنگ

hoki ais
آئس ہاکی

bola sepak

فٹ بال

badminton

بیڈمنٹن

olahraga

اتھلیٹکس

bola baling

ہینڈ بال

ski

اسکیننگ

polo

پولو

ketawa
بنسنا

ompat
چھلانگ لگانا

peluk
گلے لگانا

berjalan
چلنا

menyanyi
گانا

mimpi
خواب دیکھنا

berdoa
دُعا کرنا

cium
چُومنا

tulis
لکھنا

lukis
تصویرکشی کرنا

tunjuk
دکھانا

tolak
آگے کی طرف دھکیلنا

beri
دینا

ambil
لینا

ada

رکھنا

buat

کرنا

ialah

ہونا

berdiri

کھڑا ہونا

lari

دوڑنا

tarik

کھینچنا

buang

پھینکنا

jatuh

گرنا

tipu

جھوٹ بولنا

tunggu

انتظارکرنا

bawa

اٹھانا

duduk

بیٹھنا

pakai

ملبوس ہونا

tidur

سونا

bangkit

جاگنا

lihat pada

دیکھنا

menangis

رونا

strok

چوٹ لگانا

sikat

کنگھی کرنا

cakap

بات کرنا

faham

سمجھنا

tanya

پوچھنا

dengar

مُتَوجہ ہونا

minum

پینا

makan

کھانا

mengemas

صاف کرنا

sayang

پیارکرنا

masak

پکانا

pandu

گاڑی چلانا

terbang

اڑنا

belayar

بحری سفرکرنا

kira

شمارکریں

baca

پڑھنا

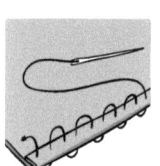

belajar

سیکھنا

kerja

کام کرنا

nikah

شادی کرنا

jahit

سینا

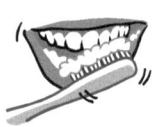

memberus gigi

دانت صاف کرنا

bunuh

جان سےماردینا

asap

تمباکونوشی کرنا

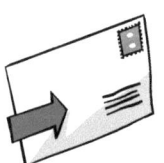

hantar

بھیجنا

keluarga
خاندان

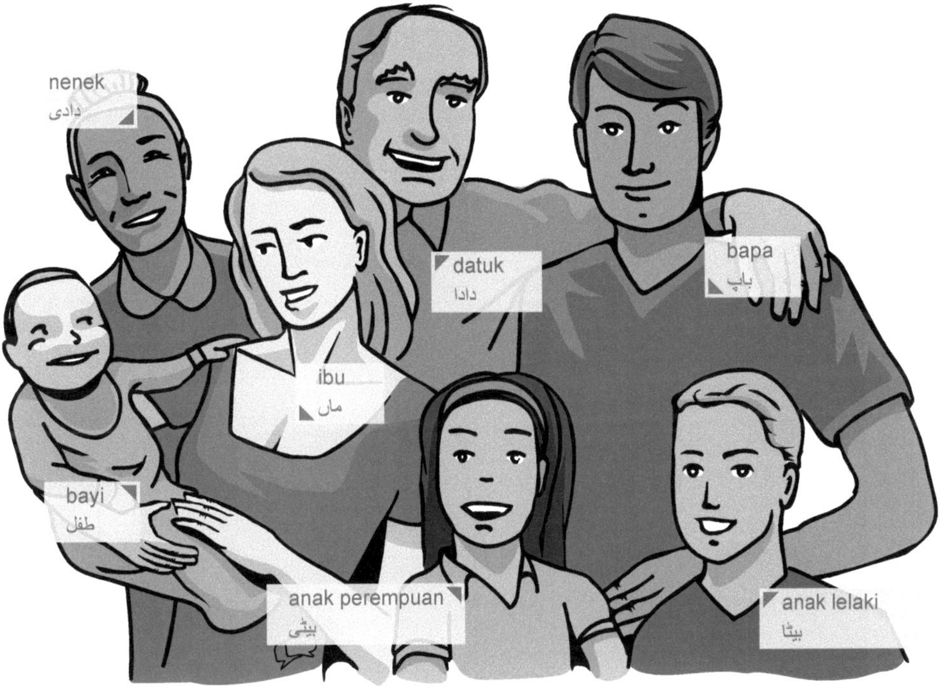
nenek
دادی
datuk
دادا
bapa
باپ
ibu
ماں
bayi
طفل
anak perempuan
بیٹی
anak lelaki
بیٹا

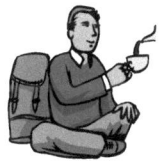

tetamu
....
مہمان

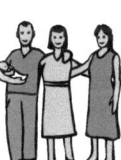

mak cik
....
چچی

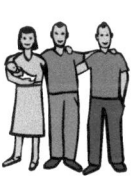

pak cik
....
چچا

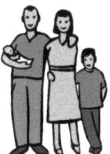

abang
....
بھائی

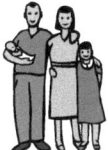

kakak
....
بہن

badan

جسم

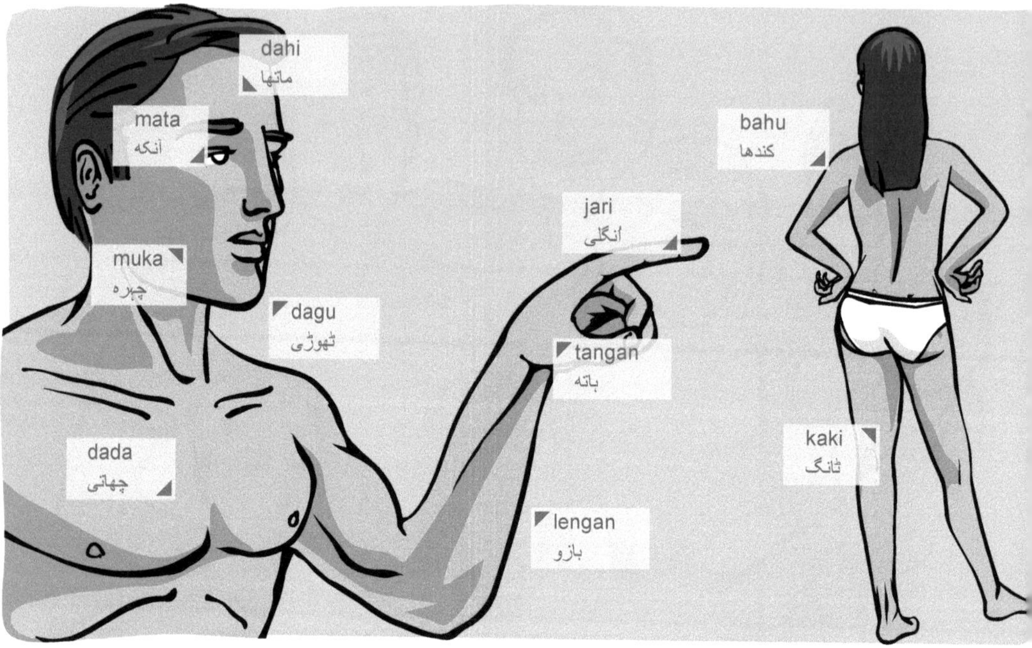

dahi
ماتھا
mata
آنکھ
bahu
کندھا
jari
انگلی
muka
چہرہ
dagu
ٹھوڑی
tangan
ہاتھ
kaki
ٹانگ
dada
چھاتی
lengan
بازو

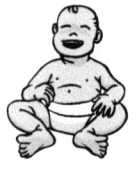

bayi

طفل

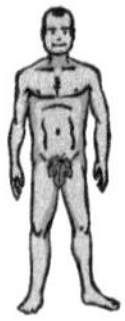

lelaki

آدمی

wanita

عورت

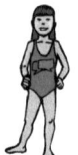

perempuan

لڑکی

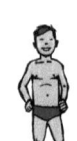

lelaki

لڑکا

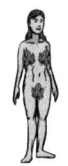

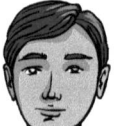

kepala

سر

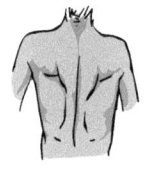

belakang

کمر

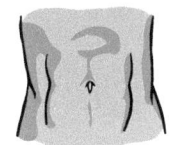

bawah perut

پیٹ

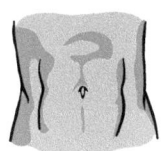

pusat

ناف

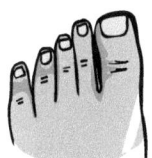

jari kaki

پاؤں کا انگوٹھا

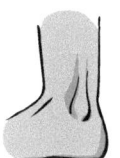

tumit

ایڑھی

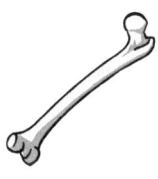

tulang

ہڈی

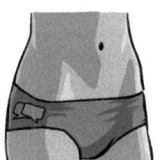

pinggul

کولہا

lutut

گھٹنا

siku

کہنی

hidung

ناک

bawah

نچلا حصہ

kulit

جلد

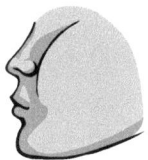

pipi

گال

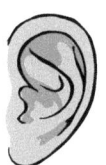

telinga

کان

bibir

ہونٹ

mulut

مُنہ

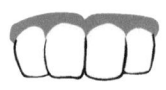

gigi

دانت

lidah

زُبان

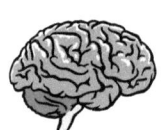

otak

دماغ

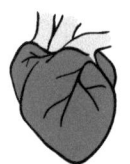

hati

دل

otot

پٹھہ

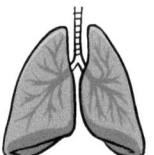

paru-paru

پھیپھڑا

hati

جگر

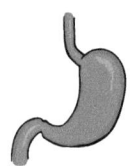

perut

معدہ

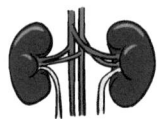

buah pinggang

گردے

seks

جنس

kondom

کنڈوم

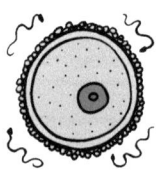

faraj

بیضہ

mani

مادہ منویہ

mengandung

حمل

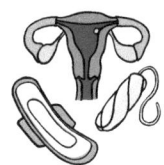

haid

حیض

faraj

اندام نبانی

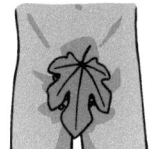

penis

عضوتناسل

kening

بھنویں

rambut

بال

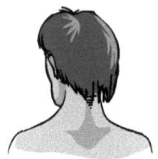

leher

گردن

hospital

ہسپتال

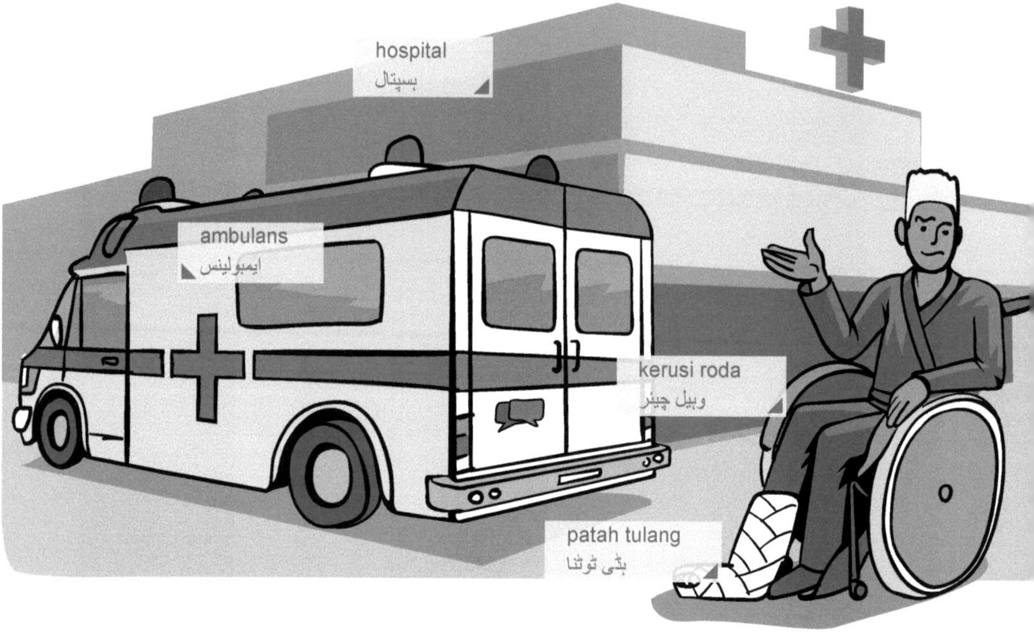

hospital
ہسپتال
ambulans
ایمبولینس
kerusi roda
وہیل چیئر
patah tulang
ہڈی ٹوٹنا

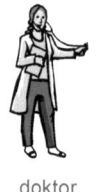

doktor

ڈاکٹر

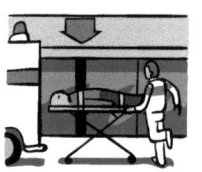

bilik kecemasan

ہنگامی کمرہ

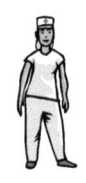

jururawat

نرس

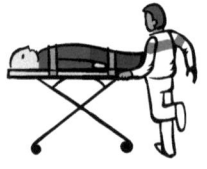

kecemasan

ہنگامی صورتحال

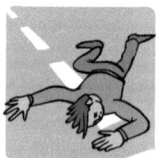

tak sedar

بےہوش

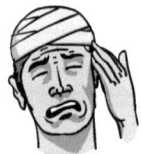

sakit

درد

kecederaan

زخم

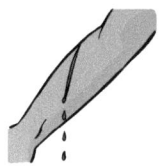

pendarahan

خون بہنا

serangan jantung

دل کا دورہ

strok

فالج

alergi

الرجی

batuk

کھانسی

demam

بخار

selesema

زکام

cirit-birit

اسہال

sakit kepala

سردرد

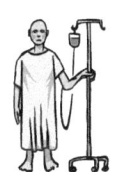

kanser

کینسر

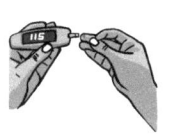

diabetes

ذیابیطس

pakar bedah

سرجن

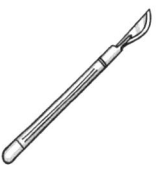

pisau bedah

نشتر

pembedahan

آپریشن

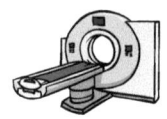

CT

سی ٹی

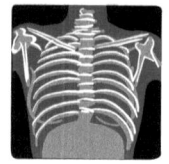

x-ray

ایکس رے

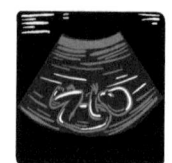

ultrabunyi

الٹراساؤنڈ

topeng muka

چہرے کا نقاب

penyakit

بیماری

bilik menunggu

انتظارگاہ

penongkat

بیساکھی

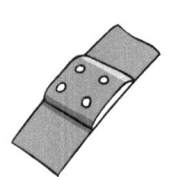

plaster

پلاسٹر

pembalut

پٹی

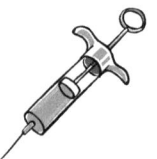

suntikan

انجکشن

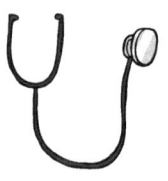

stetoskop

اسٹیتھواسکوپ

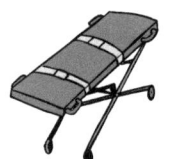

pengusung

اسٹریچر

termometer klinik

مطبی تھرما میٹر

kelahiran

پیدائش

berat badan berlebihan

حد سےزیادہ وزن

alat pendengaran

آلہ سماعت

disinfektan

جراثیم کش

jangkitan

انفیکشن

virus

وائرس

HIV / AIDS

ایچ آئی وی/ ایڈز

perubatan

دوا

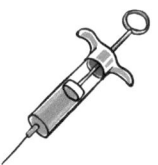

vaksinasi

ویکسی نیشن

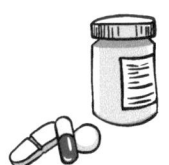

tablet

گولیاں

pil

گولی

panggilan kecemasan

ہنگامی کال

pantau tekanan darah

بلڈ پریشر مانیٹر

sakit / sihat

بیمار/ صحتمند

Tolong!

مدد!

penggera

الارم

serang

مُجرمانہ حملہ

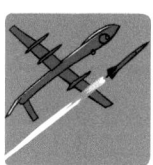

serangan

حملہ

bahaya

خطرہ

pintu kecemasan

ہنگامی راستہ

Api!

آگ!

alat pemadam api

آگ بُجھانے والہ آلہ

kemalangan

حادثہ

alat pertolongan cemas

ابتدائی طبی امداد کی کٹ

SOS

ایس اوایس

polis

پولیس

Eropah

يورپ

Amerika Utara

شمالی امریکہ

Amerika Selatan

جنوبی امریکہ

Afrika

افریقہ

Asia

ایشیا

Australia

آسٹریلیا

Atlantic

بحر اوقیانوس

Pasifik

بحر الکابل

Lautan Hindi

بحربند

Lautan Antartik

بحر قُطب جنوبی

Lautan Artik

بحرقُطب شمالی

Kutub utara

قُطب شمالی

Kutub Selatan

قُطب جنوبی

Antartika

انٹارکٹیکا

bumi

زمین

tanah

زمین

laut

سمندر

pulau

جزیرہ

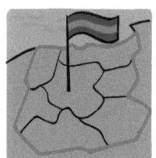

negara

قوم

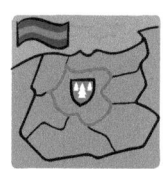

negeri

ریاست

muka jam

کلاک کا سامنے والا حصہ

tangan jam

گھنٹوں والی سوئی

tangan minit

منٹوں والی سوئی

terpakai

سیکنڈ ہینڈ

Jam berapa sekarang

کیا وقت ہوا ہے؟

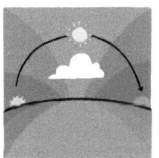

hari

دن

masa

وقت

sekarang

اب

jam digital

ڈیجیٹل گھڑی

minit

منٹ

jam

گھنٹہ

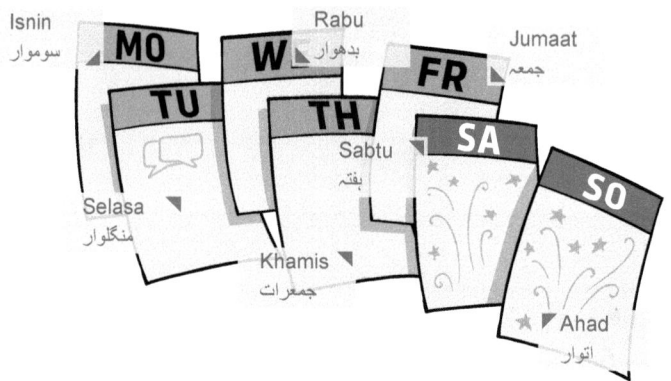

Isnin
سوموار

Rabu
بدهوار

Jumaat
جمعہ

Selasa
منگلوار

Sabtu
هفته

Khamis
جمعرات

Ahad
اتوار

semalam

گزرا کل

hari ini

آج

esok

کل

pagi

صبح

tengah hari

دوپہر

petang

شام

MO	TU	WE	TH	FR	SA	SU
1	2	3	4	5	6	7
8	9	10	11	12	13	14
15	16	17	18	19	20	21
22	23	24	25	26	27	28
29	30	31	1	2	3	4

hari kerja

کاروباری دن

MO	TU	WE	TH	FR	SA	SU
1	2	3	4	5	6	7
8	9	10	11	12	13	14
15	16	17	18	19	20	21
22	23	24	25	26	27	28
29	30	31	1	2	3	4

hari minggu

هفتے کا اختتام

hujan
بارش

pelangi
قوس قزح

salji
برف

angin
ہوا

musim bunga
بہار

musim panas
موسم گرما

musim luruh
خزاں

musim salji
موسم سرما

4.APRIL	11°	☀
5.APRIL	4°	🌧
6.APRIL	13°	☁
7.APRIL	8°	❄
8.APRIL	10°	☀

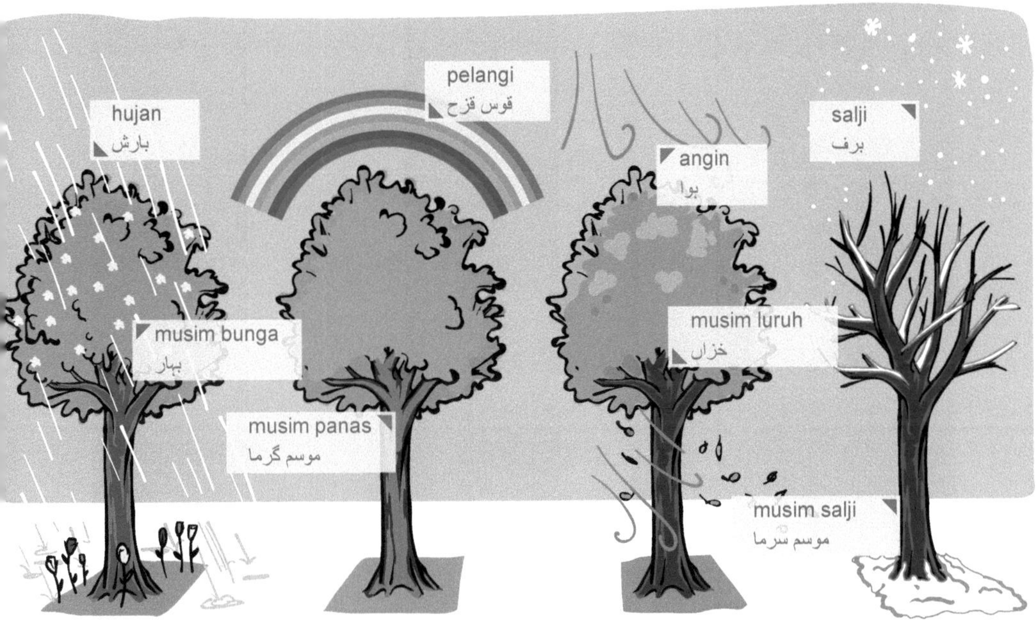

ramalan cuaca

موسمی پیش گوئی

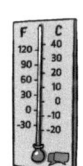

termometer

تھرما میٹر

sinar matahari

دھوپ

awan

بادل

kabus

دُھند

lembapan

حبس

kilat

بجلی کوندھنا

petir

بادلوں کی گرج

ribut

طوفان

hujan batu

ژالہ باری

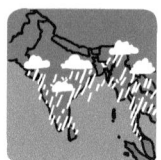

monsun

مون سون

banjir

سیلاب

ais

برف

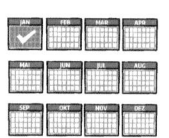

Januari

جنوری

Februari

فروری

Mac

مارچ

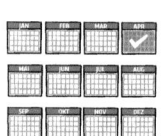

April

اپریل

Mei

منی

Jun

جون

Julai

جولائی

Ogos

اگست

September

ستمبر

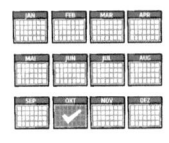

Oktober

اكتوبر

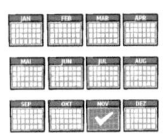

November

نومبر

Disember

دسمبر

bulatan

دائره

petak

چوكور

segi empat tepat

مُستطيل

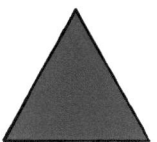

segitiga

تكون

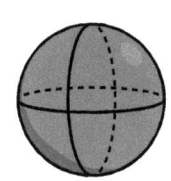

sfera

گره

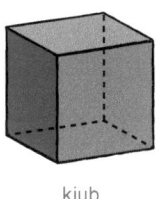

kiub

مكعب

putih

سفید

kuning

پیلا

oren

نارنجی

merah jambu

گلابی

merah

سُرخ

ungu

جامنی

biru

نیلا

hijau

سبز

coklat

بھورا

kelabu

متيالا

hitam

سیاہ

banyak / sedikit

بہت زیادہ / بہت کم

marah / tenang

ناراض / پُرسکون

cantik / hodoh

خوبصورت / بدصورت

bermula / tamat

آغاز / اختتام

besar kecil

بڑا ۱ / چھوٹا

terang / gelap

روشن / اندھیرا

abang / kakak

بھائی / بہن

bersih / kotor

صاف / گندا

lengkap / tidak lengkap

مکمل / نامکمل

hari / malam

دن / رات

mati / hidup

زندہ / مُردہ

luas / sempit

چوڑا / تنگ

boleh dimakan / tidak boleh
dimakan

کھانے کے قابل ہونا / کھانے کے قابل نہ
ہونا

jahat / baik

بُرا / اچھا

teruja / bosan

پُرجوش / بوریت کا شکار

gemuk / kurus

موٹا / دُبلا

pertama / terakhir

پہلا / آخری

kawan / musuh

دوست / دُشمن

penuh / kosong

بھرا ہوا / خالی

keras / lembut

سخت / نرم

berat / ringan

بوجھل / ہلکا

lapar / dahaga

بھوک / پیاس

sakit / sihat

بیمار / صحتمند

menyalahi undang-undang /
undang-undang

غیر قانونی / قانونی

pintar / bodoh

عقلمند / بیوقوف

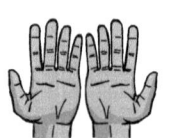

kiri / kanan

بائیں / دائیں

dekat / jauh

نزدیک / دور

baru / lama
....
نیا / پُرانا

tiada / sesuatu
....
کچھ نہیں / کچھ ہے

tua / muda
....
بوڑھا / نوجوان

hidup / mati
....
آن / آف

terbuka / tertutup
....
کھلا / بند

diam / bising
....
خاموش / بُلند آواز

kaya / miskin
....
امیر / غریب

betul / salah
....
ٹھیک / غلط

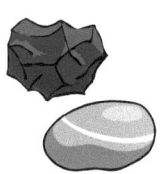

kasar / halus
....
کھُردرا / ہموار

sedih / gembira
....
افسردہ / خوش

pendek / panjang
....
مُختصر / طویل

lambat / laju
....
آہستہ / تیز

basah / kering
....
گیلا / خُشک

panas / sejuk
....
گرم / ٹھنڈا

berperang / berdamai
....
جنگ / امن

0	**1**	**2**
sifar	satu	dua
صفر	ایک	دو

3	**4**	**5**
tiga	empat	lima
تین	چار	پانچ

6	**7**	**8**
enam	tujuh	lapan
چھہ	سات	آٹھ

9	**10**	**11**
sembilan	sepuluh	sebelas
نو	دس	گیارہ

12

dua belas

باره

13

tiga belas

تيره

14

empat belas

چوده

15

lima belas

پندره

16

enam belas

سوله

17

tujuh belas

ستره

18

lapan belas

اٹهاره

19

Sembilan belas

انيس

20

dua puluh

بيس

100

ratus

سو

1.000

ribu

بزار

1.000.000

juta

دس لاكه

Bahasa Inggeris

انگریزی

Bahasa Inggeris Amerika

امریکی انگریزی

Bahasa Cina Mandarin

چینی مینڈارین

Bahasa Hindi

ہندی

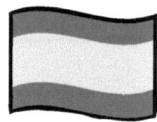

Bahasa Sepanyol

ہسپانوی

Bahasa Perancis

فرانسیسی

Bahasa Arab

عربی

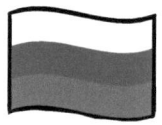

Bahasa Rusia

روسی

Bahasa Portugis

پُرتگالی

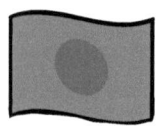

Bahasa Benggali

بنگالی

Bahasa Jerman

جرمن

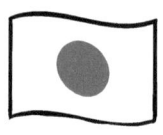

Bahasa Jepun

جاپانی

saya

میں

anda

تم

dia / dia / ia

وہ (لڑکا) / وہ (لڑکی) / یہ

kita

ہم

anda

تم

mereka

وہ

siapa?

کون؟

apa?

کیا؟

bagaimana?

کیسے؟

di mana?

کہاں؟

bila?

کب؟

nama

نام

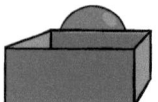

belakang

پیچھے

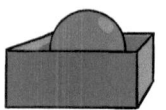

dalam

میں

di hadapan

کے سامنے

lebih

اوپر

pada

پر

di bawah

نیچے

bersebelahan

ساتھ

antara

درمیان

tempat

جگہ